AF372449

Otálvaro Sepúlveda, Rubén Darío, 1961-
    En el país de los zenúes / Rubén Darío Otálvaro S. -- 5a. ed. –
Bogotá : Editorial Magisterio, 2016.
    p. – (Colección oso de anteojos)

    Ilustraciones internas y de carátula: Luis Aurelio Durán.
    ISBN 978-958-20-0181-0

    1. Cuentos colombianos - Siglo XX 2. Zenúes - Leyendas
3. Leyendas indígenas – Colombia I. Durán, Luis Aurelio, il.
I. Título II. Serie

CDD: Co863.44 ed. 23   CO-BoBN– a990592

En el país de los ZENÚES

Rubén Darío Otálvaro S.

Colección El Oso de Anteojos

EN EL PAÍS DE LOS ZENÚES

Sexta edición: 2016

© Rubén Darío Otálvaro S.

© Cooperativa Editorial Magisterio
Diagonal 36bis no 20-70
PBX: 0571-3383605
Bogotá, D.C. Colombia
www.magisterio.com.co

ISBN: 978-958-20-0181-0

Ilustración de portada: Andrea Sánchez
Ilustraciones internas: Luis Aurelio Durán

A mi hija
A mi familia y
A todos los niños del mundo.

*Cuentan los abuelos que antiguamente,
en el país de los Zenúes,
no había luz ni ciénagas ni ríos.*

Leopoldo Berdella de la Espriella

PRESENTACIÓN

Una gratísima sorpresa me produjo la lectura de los cuentos de Rubén Darío Otálvaro Sepúlveda. Sorpresa doble porque el nombre del autor era para mí, en ese momento, por completo desconocido y porque *EN EL PAÍS DE LOS ZENÚES* es no sólo un hermoso libro por las historias que narra sino por la forma en que lo hace. Los cuentos de Otálvaro son muy vivas recreaciones de leyendas precolombinas plenas de encanto. A ellas la notable imaginación del autor y su adecuado manejo del lenguaje las enriquecen de modo admirable.

Como debieron ser hace más de cinco siglos, con sus vidas y sus acciones acrecentadas por la riqueza imaginativa del joven cuentista.

Y las vuelven obra personal. En el ámbito del *PAIS DE LOS ZENÚES,* el joven narrador cordobés sitúa sus personajes, porque eso son, personajes y no marionetas. Rubén Darío Otálvaro los revive y sus lectores los encontramos vitales y actuantes.

El humor no sólo no está ausente en estos cuentos de Otálvaro sino que se convierte en eje central de ellos, de manera especialísima. Y es que en el autor de estas narraciones singulares parecería que la gracia es un don natural, que esa gracia para contar es un regalo de los dioses Zenúes que Rubén Darío Otálvaro ha acrecentado con las lecturas que ha hecho, de autores antiguos y modernos cuyas influencias bien asimiladas se adivinan a veces a lo largo de la lectura y la hacen aún más grata como ejercicio imaginativo.

Una madurez de escritor, sorprendente en el primer libro del joven autor, es uno de los distintivos admirables de esta colección de cuentos, que descubre a un narrador para quien augurar futuros libros que los situarán en la mejor narrativa costeña y nacional no es, ciertamente, un difícil o arriesgado vaticinio. Los

dos nombres comprometedores y los esdrúju-
los apellidos serán recordados y acatados:
Rubén Darío Otálvaro Sepúlveda, recreador
de personajes, ambientes y situaciones que re-
gocijan a los lectores. A este lector, al menos,
en grado sumo.

Germán Vargas

TOFEME,
EL CACIQUE BLANCO

Cuando otros dioses creaban otros mundos, el dios del Sinú creaba el mundo de los Zenúes; empezó a hacer los primeros seres y los llamó Mexión y Manexca padres de los Zenúes.

De ellos nacieron primero Finzenú, Panzenú y Zenúfana, quienes por órdenes del gran padre se dispersaron por el extenso valle y fundaron las tres grandes poblaciones que conformaron el Imperio Zenú. Luego vinieron los grandes caciques que gobernaron poblaciones menores como el cacique Tolú, el cacique Cereté, el cacique Mocarí; éstos, a su vez, padres de otros caciques sinuanos, como Betancí, Tucurá, Quimarí, Tuminá, Chuchurubí, Xaraquiel, Colosiná, Chinú, Cachichí, Yapel, algunas cacicas y princesas, como la gran cacica Tota, la princesa Onomá, la hermosa Juy, la dulce Noní, Tay, Mariguá, Filox y Nuchí.

De todos los soberanos que gobernaron en el Sinú, Tofeme fue el único que no era indio, su verdadero nombre era Juan Santacruz, un español que se salvó de ser devorado por los hambrientos indígenas, gracias a que, de todos los conquistadores, él era el más flaco y a quien los indígenas prefirieron engordarlo y convertirlo en un suculento bocado. Mientras lo alimentaban y curaban el español supo ganarse el aprecio de Cereté y Tay, los soberanos de la comarca.

Estudió y aprendió el lenguaje, las costumbres y las creencias de los indígenas y en recompensa les enseñó muchas cosas que mejoraron la vida de los Zenúes. Llegado el momento de ser entregado a los caníbales, el cacique Cereté reunió a los consejeros y les pidió que le perdonaran la vida, pues él lo había nombrado como su sucesor. A la trágica muerte de Cereté en combate con tribus enemigas, Tofeme heredó el trono y se desposó con Tay de cuya unión nació Crucy, primer Zenú hijo de padre blanco y madre india. Cuando Crucy creció resolvió conocer las tierras de donde había venido su padre y un día se despidió prometiendo regresar, tomó una chalupa y zarpó río abajo por el Sinú, al llegar a la desembocadura sorprendido vio el inmenso mar y recordó la ciénaga de Betancí, pensó que el mar era la madre de todas las ciénagas.

Llegó a las playas de una población llamada Calamary y allí conoció y se enamoró de Candelaria, una hermosa y alegre negra que le dio un hijo al que llamaron Mestí, primer niño descendiente de los Zenúes que en su rostro traía los rasgos del abuelo indio, del abuelo negro, y del abuelo blanco. Un niño heredero de tres razas y tres culturas diferentes, un ser especial y único sobre la tierra. Un niño que sería el hombre universal. Un hombre al que un poeta popular del Sinú llamaría "¡el cuarto hombre, el gran hombre Americano!".

QUIMARÍ
Y LA PRINCESA JUY

La hermosísima princesa Juy, la más bella de las mujeres del Sinú, era hija única del cacique Xaraquiel, ella había venido al mundo en las orillas de la gran Ciénaga de Betancí, lugar santo que las madres indígenas escogían para dar a luz a sus hijos, para que fueran protegidos por el poder divino de sus aguas. La pequeña Juy había crecido en medio del respeto, la admiración de su pueblo y el amor de sus padres. La niña tenía el don de hablar con los peces y los pájaros y le gustaba correr bajo la lluvia. Una tarde en uno de sus acostumbrados paseos por las lejanas orillas de la laguna Juy, descubrió que ya era una mujer, su corazón se estremeció de amor al ver a un apuesto joven que con arco y flecha en la mano se le acercaba; él le confesó que hacía muchas lunas la amaba y que sus ojos no dormían desde que la vio. Todas las tardes cuando el dios Sol naufragaba en las profundidades de la Ciénaga y los sapos con su rítmico croar anunciaban los pasos de la noche, Quimarí y Juy caminaban juntos y la luna proyectaba las sombras de sus enamorados cuerpos sobre las tranquilas aguas de la laguna.

Al acercarse a la aldea, Quimarí se despidió de su joven amada obsequiándole con un par de aretes en forma de media luna, que mostraban cada uno, en la parte superior, un caimán, hechos ambos en oro. Juy emocionada regaló a Quimarí su primer beso de amor y corrió hacia los bohíos, con lágrimas en los ojos y la felicidad saltándole en el corazón como un colibrí enloquecido. Quimarí se devolvió y esta vez le dio la vuelta a la gran Ciénaga corriendo con la fuerza y la agilidad del tigre pues sentía en su pecho el rugido del amor. Pero las lágrimas de amor siempre vienen perseguidas por lágrimas de dolor; desde el techo de las chozas Juy vio venir unas aves negras que lanzaban graznidos aterradores, el cielo se oscureció y un lúgubre presentimiento hizo que ella temiera por la vida de sus queridos padres. Como bandadas de hormigas, los indígenas corrían hacia las orillas de la Ciénaga sagrada y allí se bañaban, pues las aguas de la laguna eran para ellos un bálsamo curativo. La peste negra, como un fantasma, había venido a sembrar la muerte en los territorios de los Zenúes. Era ley entre ellos sacrificar a la princesa, hija del cacique, como ofrenda a su dios para conjurar el mal. Después de inmolada la doncella, enseguida, como por encanto, el mal se extinguía. La epidemia cobraba más vidas a cada instante. Juy sabía que su sacrificio sería la salvación de su pueblo, por eso aceptó el honroso e inevitable final que le exigían. El gran cacique Xaraquiel y su mujer lloraron con angustia; su niña era el ser que más amaban pero tenían que someterse a la inflexible ley de su tribu. Desde pequeña, Juy había escuchado a los viejos hechiceros contar en qué consistía el principal sacrificio de sus ancestros: al despuntar el alba, la víctima era conducida en una rústica canoa por dos hechiceros al centro de la laguna y allí consumaban el sacrificio lanzándola viva al agua en donde enormes caimanes se la disputaban y devoraban. Los hechiceros presenciaban tan escalofriante escena batiendo acompasadamente sus tambores despidiendo a la que no volvería. La hermosa Juy sabía que ese también sería su destino y de él no podía escapar.

La noche caminaba lentamente, a paso de tortuga, las horas eran interminables y Juy las aprovechaba para recordar los momentos de felicidad al lado de Quimarí, momentos que apenas empezaban y que ahora se truncaban. Deseó correr en busca de su amado pero sabía que pronto amanecería y no alcanzaría a

llegar a tiempo, pues Quimarí vivía al otro lado de la ciénaga.

Y llegó el alba fatal, los hechiceros entonaron sus fúnebres cantos en alabanza de la infeliz princesa. Y ella, más bella aún, ceñida y resignada con la corona del martirio, demostraba cuánto amaba a su pueblo, entregando su vida por ellos. La frágil canoa zarpó, Juy con la mirada escrutaba la ribera de la laguna esperanzada en encontrar el rostro de Quimarí y sus ojos tropezaron con los ojos llorosos de un gigantesco mico araña que con la mano en alto le decía adiós. Al llegar al centro de la laguna, los hechiceros van a lanzar al agua a la víctima, cuando de repente la endeble embarcación sufre una fuerte sacudida y todos caen al agua y mientras los hechiceros son despedazados y engullidos por los hambrientos caimanes; Juy es atrapada por los vigorosos brazos de Quimarí, quien nada con ella hasta la orilla y, después de salvarla, escapan de la ira de los indígenas ofendidos hacia lejanas tierras. Muchos años después, cuando el cacique Xaraquiel muere, Quimarí y Juy regresan y felices gobiernan el país de los Zenúes.

EL HOMBRE HICOTEA

El país de los Zenúes era el país del oro y el agua.

Los Zenúes habitaron una región de ríos, ciénagas, caños, selvas y sabanas. Era una región fértil y rica: el oro corría por sus ríos, los peces saltaban a las canoas, los árboles brotaban de las piedras, surgían de la selva toda clase de animales como tigres, venados, micos, guacamayos y de las aguas florecían bandadas de garzas, patos y pisingos.

En el Valle del Zenú nunca faltaba la comida, siempre había caza y pesca en gran cantidad. En época de lluvia los ríos y las ciénagas se desbordaban e inundaban estas hermosas tierras, arrasando las viviendas, los cultivos y los animales. En Panzenú eran donde más sufrían las inundaciones; por eso, construyeron sus casas sobre plataformas elevadas rodeadas de numerosos canales que arrastraban el agua, manteniéndola en su cauce. Desde la lejanía esa inmensa red de canales semejaba el esqueleto de un enorme pez.

En una ocasión llovió durante días y noches sin parar, la gran Ciénaga de Ayapel se desbordó y el agua cubrió los canales y toda la tierra.

El cacique que gobernaba Panzenú y su tribu se alejaron en sus chalupas en busca de tierras más altas, después de dos días de viaje encontraron una sabana y allí reconstruyeron sus casas y su población. Pero cuando las aguas

bajaron muchos regresaron a las orillas de la ciénaga y nuevamente se instalaron en ese sitio.

Tuchín, hijo del Cacique Yapel y otros niños salieron a pescar; eran hábiles pescadores, pues habían nacido en el agua y sus primeros pasos fueron jugar y chapotear en la ciénaga. Como los sapos y las ranas, los niños vivían felices en el agua y la tierra. Conocían a la perfección el difícil arte de la pesca; lo practicaban con largas varas puntiagudas que lanzaban con rapidez y puntería en cuanto veían la silueta de un pez deslizarse en el agua. Una bandada de patos cuchara voló en círculo sobre la ciénaga. Los niños venían con sus canoas repletas de bocachicos, sábalos, mojarras y un pequeño tucán de pico enorme y multicolor, cuando de pronto se movió algo en el agua cerca a la orilla; curiosos y valientes dirigieron sus canoas hacia el sitio, siempre habían querido matar a un caimán, tal vez para vengarse por los tantos niños que habían sido devorados por esos peligrosos animales. Al aproximarse vieron una roca grande y redonda que salía a la superficie y enseguida arrojaron con fuerza sus lanzas contra ella pero todas rebotaron y se partieron; los niños observaron con asombro cómo del agua iba surgiendo el rostro de un hombre viejo, de su cabeza caían mechones blancos, su cara arrugada mostraba unos profundos ojos verdes de mirada triste, su boca era un pico como de pájaro, su cabezota que parecía salir de la roca se ocultó y poco a poco aquella cosa rara empezó a salir del agua, cada vez más grande y más grande, cuando por fin apareció completa sobre la tierra. Tuchín y sus compañeros vieron una gran concha gruesa y arrugada por arriba y con una cavidad por donde, con lentitud, comenzó a aparecer otra vez la cabezota del anciano y luego por debajo del caparazón salieron unas enormes patas como de sapo y un rabo áspero y puntudo. Los niños pescadores, asustados, corrieron hacia la aldea y contaron lo que habían visto: dijeron que en la orilla de la ciénaga había un ser extraño que tenía cabeza de hombre pero cuerpo y patas de animal. El abuelo de Tuchín, que era el mohán o sacerdote que todo lo sabía, les dijo que ése era el dios de las aguas; el hombre-hicotea, el único ser del país de los Zenúes mitad humano y mitad tortuga.

NONÍ, HIJA DE COGUALA

Finzenú, Panzenú y Zenúfana fueron tres caciques que habitaron y gobernaron las hermosas tierras del Valle del Sinú. Estos tres jefes llegarían a ser los super-caciques más poderosos y fundadores de los tres grandes imperios que llevarían sus nombres y que conformarían el país de los Zenúes. Zenúfana, que habitaba cerca del río Nachí, decidió un día ir a visitar a Panzenú, quien vivía a orillas de la Ciénaga de Ayapel, y a Finzenú, la cacica que moraba al lado de la Ciénaga de Betancí. Después de muchos días de viaje, Zenúfana llegó por fin a las tierras de la hermosa Finzenú con la intención de confesarle que la amaba y deseaba casarse con ella, pero se encontró con la desagradable sorpresa de que su amada se había casado hacía mucho tiempo con Coguala, un humilde, flacucho y débil hombre con el que había tenido una hija de nombre Noní, linda jovencita de unos catorce años.

Finzenú era ahora la cacica que ostentaba la jefatura de la ciudad más desarrollada y populosa del Valle del Sinú; tanto creció su poder que hasta los otros grandes caciques y sus tribus le rendían pleitesía. Zenúfana enamorado como estaba había enviado a la cacica todo el oro que podía y obligó también a Panzenú a hacer lo mismo; era tanta la riqueza que de los árboles colgaban unas campanitas de oro, que los niños cogían como frutas para jugar. En el centro de la aldea estaba un templo tan espacioso que podía alojar a más de mil personas y en cuyo interior había veinticuatro figuras gigantescas de madera, talladas con formas humanas y recubiertas con láminas del resplandeciente metal, que estaban paradas frente a frente y sobre sus espaldas sostenían una vara de la cual colgaba una hamaca repleta de oro. La cacica se vestía ostentosamente, sus narigueras, sus collares, sus pulseras y sus pectorales eran fabricados con el metal precioso. Todos sus súbditos y sirvientes tenían que postrarse ante ella y darle como ofrenda variadas piezas de oro con figuras de pájaros, caimanes, micos, sapos y casi todos los adornos que poseían.

Noní y las niñas más hermosas de la tribu tenían que acostarse en la tierra con el rostro hacia abajo, sólo para que la cacica pisara sobre ellas al subir o bajar de la hamaca y así no ensuciarse los pies. Su madre era dominante, orgullosa y mala, no quería a su hija ni a su marido, a quien tenía sometido y obligaba a hacer las veces de la mujer en las tareas domésticas y a cuidar, enseñar y proteger a la niña. Noní creció al amparo y cariño de Coguala, que siempre estaba complaciéndola en todo. Ella quería mucho a su padre.

Zenúfana conoció a Noní y vio en ella la antigua belleza de la madre y la arrogancia que las hacía tan atractivas; desde ese momento se dedicó a enamorarla y perseguirla por todos lados; cazó para ella un lindo jaguar y una guacamaya que en su plumaje tenía los colores del arco iris; pero nada de eso conmovió el corazón de la niña, que sólo quería jugar y pasear con su dulce padre. Una noche cuando la tribu dormía, Zenúfana trató de penetrar en la cabaña de Noní, pero Coguala, que descansaba el pie de la hamaca, velando el sueño de su pequeña, lo sorprendió a tiempo, obligándolo a huír.

Era costumbre de todas las mañanas, al asomar el sol, salir Coguala con Noní a dar un paseo por el bosque. Iban caminando tras un tití, cuando de pronto al viejo se le cayó de las manos el arco y la flecha y exclamó: "mala señal, la muerte anda por el monte". Noní no le dio importancia al hecho y se entretuvo observando a un par de periquitos que se besaban en la copa de un árbol, cuando el silbido de una flecha y un espantoso alarido se escucharon y Coguala cayó traspasado por mortal

saeta, con los ojos desorbitados y la mano temblorosa señalando el lugar desde donde había sido disparado el dardo envenenado.

Noní ciega de ira y de dolor siguió el rastro del asesino, le dio alcance, lo enfrentó y con certera puntería destrozó el corazón del perverso, quien no era otro que Zenúfana. Luego volvió al lugar donde había dejado el inanimado cuerpo de su padre, lo levantó y al oído le dijo: "Te he vengado", y prorrumpió en llanto, abrazándolo contra su pecho, luego cerró con un beso los ojos del que fuera el ser que más la quiso y ella más amó. Muchas horas tristes pasó la afligida Noní al lado del cadáver; decidió enterrarlo al pie de una enorme ceiba y estuvo un tiempo deambulando por el bosque sin querer regresar a la aldea; sabía que ya nadie la protegería de la maldad de su madre. Entonces Noní se internó en la selva y luego de muchos días llegó a las riberas del río Sinú, donde conoció al Cacique Tuminá, un apuesto joven, que se enamoró de ella, le ofreció su amor y le pidió que fuera la reina su corazón y de su tribu.

TOZÍ REGRESA AL SOL

La cacica Totó mandó mensajeros a todas las poblaciones del Zenú, anunciando un festival funerario en Finzenú, en honor a Tozí, su hijo, quien había muerto el día anterior. El principe Tozí jugaba a la orilla de la ciénaga con las piernas bajo el agua, cuando un enorme caimán lo atrapó y en momentos en que se disponía a devorarlo, apareció Chuchurubí, un guerrero-cazador de la tribu, que alcanzó a ver aquella terrible escena y corrió a ayudar al niño y le enterró su lanza al animal en un ojo lo que hizo que la fiera soltara al príncipe; luego, en sus brazos, lo llevó medio muerto a la aldea pero el niño murió a causa de las profundas heridas.

La noticia de la muerte de Tozí llegó hasta oídos de Malibú, el mohán brujo que habitaba en Mexión y quien, al caer la noche, tenía el don de convertirse en un feroz tigre-jaguar y al salir el sol volvía a su apariencia humana. Malibú, de inmediato, fue a Finzenú para vengar al hijo de Totó, la reina del imperio de los Zenúes. Cuando Odeco, la luna, asomó su rostro en el cielo e iluminó el hermoso Valle del Zenú, Malibú, en presencia de todos, hizo una fogata y se metió en el fuego, pronto las llamas abrasaron su cuerpo y un humo oscuro lo cubrió; de súbito apareció un gigantesco tigre-jaguar: sus ojos en la negrura parecían dos pequeños soles llenos de luz y de fuego y su pelaje era amarillo anaranjado cruzado por rayas negras. Era un animal hermoso pero el más fiero de todos. El tigre se acercó a la orilla y con un fuerte rugido hizo saber al traidor caimán que venía a enfrentarlo y el lagarto desde la otra orilla de la ciénaga escuchó el llamado salvaje del enemigo y fue dispuesto a vencer o a morir. Todo el pueblo de Finzenú fue testigo de aquella batalla mortal: el enorme jaguar saltó sobre el adversario y le enterró sus filudos colmillos pero el caimán giró con rapidez y atrapó una pata del felino y se la estaba destrozando cuando el jaguar, con una fuerza descomunal, lo alzó y lo lanzó contra el suelo, cayendo de espalda y así, en esa posición, el caimán fue fácil presa, el feroz jaguar saltó encima y con sus garras y colmillos despedazó al vil reptil.

La tribu entera, presidida por Totó agradeció al valiente Malibú el haber matado al caimán asesino. Al siguiente día, Malibú, cubierto de oro, dirigió la ceremonia de adoración al dios Sol, en el templo sagrado de Faraquiel. Ya habían llegado a la ciudad capital representaciones de todas las aldeas del Zenú; los de Yapel trajeron animales, tejidos, ollas y hermosas piezas de oro; los de Mexión trajeron mantas, redes, sombreros, y esteras.

Todos ellos tenían que postrarse ante Totó, la gran cacica y hacerle entrega de tan ricos y variados regalos.

Entre Faraquiel y Finzenú está el cementerio de los Zenúes. Hacia allí se dirigen todas las canoas, en la primera van Totó y Malibú y a su lado el cuerpo sin vida del príncipe Tozí; en la segunda vienen los caciques y los guerreros y en las últimas canoas vienen los viejos, mujeres y niños.

Los caciques y los guerreros traen hermosos atuendos; en sus cabezas lucen coloridas plumas de guacamayas y adornos de oro como narigueras, orejeras, collares, brazaletes y pectorales. Los músicos tocan pitos y tambores cuando descienden de las chalupas y así empieza la ceremonia: varios guerreros cavan la tierra y abren un hueco grande, en el centro colocan el cuerpo del príncipe con la cabeza hacia el sol, a la derecha colocan sus armas, las ollas con alimentos, y una totuma llena de chicha de maíz y a la izquierda colocan objetos de oro.

Luego le tiran tierra roja encima; el rojo, para ellos, es el color de la muerte. A una señal

de Totó los músicos inician la fiesta; hay comida y bebida en abundancia, todos bailan sin parar, pisando la tierra que echan sobre la fosa y bailan sobre ella hasta cuando la chicha se acaba. El festival funerario ha durado tres días, ahora siembran una ceiba al pie de la tumba y todo termina. Montan en sus canoas y al ritmo de pitos y tambores regresan alegres y cantando.

Van contentos, pues saben que al caer la primera lluvia, el príncipe muerto iniciará un largo viaje; ascenderá por el árbol y, después de muchas lunas, sus hojas se convertirán en pájaros de fuego que regresarán en un vuelo feliz al padre Sol, su dios sagrado.

LOS PRÍNCIPES
BETANCÍ Y TUCURÁ

El célebre cacique Mocarí gobernó en Yatapán; poblado que más tarde llevaría su nombre y que estaba situado a un lado del río Sinú. Mocarí y su joven esposa Mariguá tenían su mansión real bajo ceibas y robles milenarios.

Una mañana, la bella Mariguá dio a luz dos hermosos niños: Betancí y Tucurá. Los príncipes crecieron y años después llegó a la aldea una vieja hechicera que tomó especial interés en los pequeños y le dijo a la madre que en un día no lejano serían robados del hogar paterno por un extraño ser venido de remotas tierras. La asustada Mariguá corrió a contarle a su esposo y éste no creyó tal profecía y ordenó echar a la bruja de sus dominios. Fueron vanas las súplicas de la angustiada mamá ante su esposo en favor de la anciana, la cual se alejó maldiciendo aquel hogar hasta entonces feliz. Al anochecer, un huracán con fuerte lluvia cayó sobre la región derribando árboles y viviendas; el río se desbordó y arrasó el poblado. Los Zenúes, temerosos de la ira de los dioses, hicieron sacrificios en su honor. Pasados unos días y luego de volver a la normalidad, llegó un desconocido que dijo llamarse Nepá, y quien mostró tener el poder de cazar a las fieras con secretos al oído y luego montarlas como a caballos; además bebía el veneno de las víboras y se transformaba en

una de ellas. Los niños, ante su presencia, sentían admiración y temor.

Pronto se regó, por todos los contornos del reino de Mocarí, la fama del indio brujo. Los pequeños príncipes, en un descuido de sus padres, se internaron en el bosque y se alejaron demasiado persiguiendo una iguana que se escabullía por entre la maleza, se subía a las ramas y caía al suelo asustada y juguetona. De pronto, algo se movió entre la vegetación y ante ellos apareció Nepá, el cual los había atraído hacia la profundidad de la selva utilizando al reptil como señuelo; luego emitió un grito y al instante miles de pájaros revoloteaban encima de él y los niños alegres lo siguieron hasta un sitio oscuro y húmedo en donde no penetraba ni un rayo de luz; allí les dio unas pepitas rojas y dulces que comieron ansiosos. Pasados unos instantes ambos cayeron al suelo adormecidos.

El soberano Mocarí preocupado por la demora de sus pequeños herederos mandó a dos fieles servidores a buscarlos por las cercanías. Éstos, después de muchas horas, regresaron sin los infantes. El cacique abrumado por tristes presentimientos recordó la maldición de la bruja que una vez hizo echar de su pueblo; a su lado Mariguá lloraba desconsoladamente. Entonces el mismo cacique salió en su búsqueda acompañado de sus guerreros; dos días caminaron sin hallar rastro alguno. Al llegar a un riachuelo dio la orden de descansar y él, afligido, se alejó; en un claro del monte se arrodilló y suplicó al dios Sol que le permitiera encontrar vivos a sus hijos; a cambio echaría como ofrenda todos sus tesoros a la gran laguna. No había terminado Mocarí de implorar cuando escuchó los gritos lastimeros de los niños.

Emocionado corrió hacia el lugar de donde provenían las voces y al llegar descubrió que los niños estaban colgados de las ramas por los pies y el raptor los golpeaba fuertemente con una enorme boa enroscada en su brazo. Aquella escena llenó de ira al cacique que agarró su pesada macana lanzándose sobre su rival quien ya se había puesto a la defensiva y se trabó entre los dos, cuerpo a cuerpo, un furioso combate que duró pocos instantes. Mocarí esquivó el golpe de su contendor quien volvió a atacar y al avanzar uno de sus pies se enredó en la maleza, cosa que Mocarí aprovechó para asestarle un tremendo golpe que lo dejó fuera de combate; enseguida ordenó a sus súbditos que lo colgaran igual para que lo devoraran las fieras.

El cacique regresó con sus retoños y la feliz Mariguá los recibió llena de gozo. Mocarí trasladó su aldea cerca a una ciénaga en donde echó todas sus riquezas y a la cual llamó ciénaga de Betancí en honor a su hijo mayor.

EL DIOS DEL SINÚ

El dios del Sinú era un ídolo enorme, de oro macizo y resplandeciente, al cual los Zenúes rendían culto en un templo situado en la cima de una montaña llamada Murrucucú, igual que el cacique mayor. Allí se hacían sacrificios de vidas humanas en honor a aquella divinidad y se le reverenciaba con dones de oro en cantidad. Los indios afirmaban que su dios había surgido del fondo de la montaña una noche de lluvia y truenos.

Cuando una canoa se aproximaba por el río, el cerro se estremecía y retumbaba dándole aviso a los indígenas que se acercaba el enemigo y en las noches oscuras y sin luna los zenúes veían la figura del dios convertirse en una antorcha de luz que iluminaba todo el valle. El cacique Murrucucú era el único que subía al templo a llevar la ofrenda y a adorar al dios; los otros miembros de la tribu no podían hacerlo nunca, pues se les había prohibido y además les era imposible ascender ya que no habían caminos y los terrenos aledaños eran pantanosos y de abundante vegetación, donde habitaban numerosos animales salvajes como tigres enormes y monstruosas serpientes que atacaban a cualquier persona que osara acercarse.

Una vez Misiguá, hermano del cacique, decidió en compañía de otros subir a la montaña prohibida para violar el templo sagrado y robar los innumerables tesoros, pero cuando

ya alcanzaban la cumbre y después de enfrentarse a muchos peligros, la montaña se sacudió produciendo un deslizamiento que sepultó para siempre en las entrañas de la tierra a tan atrevidos aventureros; enseguida, se desató un aguacero con relámpagos y truenos, la oscuridad fue total, tembló la tierra, los animales temerosos se ocultaron, los indios corrieron despavoridos, la naturaleza toda enmudeció de miedo; de pronto, una intensa luz surgió de lo más alto de la montaña y por pocos instantes iluminó todo, luego un ruido subterráneo seguido de gran conmoción sacudió la tierra y horas después de un silencioso y triste amanecer los asustados indígenas salieron a ver qué había sucedido y el cacique preocupado subió a la cúspide y le sorprendió no encontrar el templo, las riquezas ni al ídolo, todo había desaparecido. Desde entonces se acabó la fama del dios del Sinú, pero aún se conserva su nombre en el sinuoso río y en su fértil y hermoso valle.

ONOMÁ
Y EL TESORO DE NAÍN

Un viejo brujo Zenú profetizó que por amor, una princesa real revelaría el secreto de sus antepasados y el tesoro de Naín caería en manos de los hombres blancos. Únicamente el cacique conocía el lugar donde estaban escondidas aquellas riquezas y sólo se lo comunicaba a su hijo mayor momentos antes de morir y así pasaba de padre a hijo por generaciones. Cada cacique vigilaba que lo oculto no llegara a oídos de las mujeres de su familia por temor a que se cumpliera la profecía.

Muchos años después, una india esposa del cacique Panaguá deseosa de conocer qué era lo que con tanto misterio callaba su esposo y viéndolo enfermo y cercano a la muerte, decidió preparar una pócima hecha con la semilla llamada Tonga y dársela a beber mezclada con chicha de maíz; este brebaje tenía el poder de sumir al individuo en un profundo sueño y, en este estado, contestar a todas las preguntas que se le hacían, pero él mismo, después de salir del desmayo no sabía lo que había contestado; así fue como aquella mujer descubrió el misterio del tesoro de Naín y supo el lugar donde estaba escondido. Muerto su esposo, la india calló lo que sabía con la esperanza de encontrar algún día un hombre blanco con quien compartir aquellas riquezas en un lugar lejano, pero envejeció esperando y

antes de morir, se lo comunicó a su nieta Onomá, hija del cacique Cachichí; esta bella princesa, a su vez, guardó el secreto hasta el día en que conoció un joven francés llamado Lois Triffaux que trabajaba en una compañía francesa explotadora de la madera y del oro del Sinú.

Cuando la hermosa Onomá lo conoció se enamoró a primera vista, pues ella jamás había visto un hombre distinto a los de su raza. Aquel hombre era diferente: alto, de cabellos claros, ojos azules, piel blanca, y de voz extraña y suave. Con él sucedió lo mismo, quedó impresionado por la salvaje belleza de la india; traía el cabello negro, su rostro y sus ojos eran de una hermosura desconocida para él, su cuerpo desnudo hasta la cintura mostraba una piel morena y pintada de flores negras y rojas, un manto tejido la cubría hasta los pies, caminaba con orgullo, segura de su alto rango. El amor transformó sus vidas; el francés abandonó el trabajo y la búsqueda, ahora solo quería conquistar el corazón de Onomá y ella olvidó su jerarquía y como una humilde mujer sucumbió en el pozo de la felicidad. En ocasiones se les veía en las orillas del río mirando el reflejo de la luna sobre las aguas, mientras un búho desde los altos árboles vigilaba los furtivos besos que se daban.

Un día el francés pidió al cacique Cachichí que le entregara a Onomá como esposa a lo que el padre respondió con una amenaza de muerte y a su hija le exigió que lo olvidara y se alejara de él.

La triste princesa lloró toda la noche y poco antes de que el sol mostrara su pálido rostro sobre las montañas ella corrió al encuentro de su amado y le pidió que escaparan lejos, el francés la abrazó y al oído le susurró: "Mon amour", palabra que ella no entendió pero que hizo estremecer su corazón.

Cuando se alejaron en la canoa, Onomá le reveló el gran secreto; le dijo que el famoso tesoro de Naín que tanto habían buscado los hombres blancos estaba oculto en el callejón de la Angostura a un lado del cerro de Higuerón. Luego de esta confesión Onomá y el francés Lois Triffaux navegaron río arriba por el Sínu en busca del codiciado tesoro; jamás regresaron, se cree que encontraron el oro y huyeron hacia Francia, lejano país, donde quizás vivan ricos y felices.

EL HEROICO FINAL
DEL CACIQUE TUCURÁ

Los malvados *Cappunia*, como los indígenas del Sinú llamaban a los españoles, per-
seguían implacablemente al último cacique
vivo; Tucurá, hijo menor de Mocarí, el único
que quedaba reinando en el legendario Valle
del Sinú. El bravo Tucurá ya había enfrentado

a los demonios blancos muchas veces, pero siempre salía derrotado, pues ellos eran numerosos y tenían armas de fuego. Sin embargo, el guerrero sinuano logró ganar algunas batallas utilizando una excelente táctica de guerra que consistía en atacar sorpresivamente en emboscadas rápidas y efectivas. En uno de esos asaltos nocturnos un soldado español le disparó a matar, sin lograrlo, pues el veloz indio se escabulló entre la espesura. Aquel recluta fue amonestado por su superior, quien dio la orden de capturarlo vivo para obligarlo a confesar donde estaba oculto el tesoro que había dejado su padre. Durante tres días Tucurá no atacó ni fue atacado, tiempo que aprovechó para armarse; construyeron grandes macanas, especies de garrotes de doble filo tan altos como un hombre y que ellos manejaban hábilmente con las dos manos; elaboraron fuertes arcos y flechas de puntas de piedras envenenadas; fabricaron cerbatanas con dardos untados con la mortal ponzoña, y duras picas. Tucurá era un inteligente y sagaz guerrero que conocía muy bien el oficio de la guerra; organizó a sus guerreros en escuadrones e impartió

las últimas instrucciones de ataque y salió a dar la batalla final.

Las tropas españolas habían andado muchas leguas por territorio sinuoso y selvático y en consecuencia estaban rendidos por el cansancio y el hambre. A la orilla del río Manso acamparon y cuando la noche cayó sobre el mundo los soldados cayeron también vencidos por el sueño y la fatiga. Muy cerca de allí y al acecho, Tucurá esperó la oscuridad y como un tigre se lanzó contra el enemigo; allí, la sutil cerbatana con su ponzoña envenenada segó vidas a montón, la imperceptible y certera flecha desgarró miembros y destrozó entrañas y la pesada macana con su golpe seco reventó cráneos como frágiles cáscaras de nuez; pero los españoles como eran tantos y tenían armamento de fuego y la superioridad de pelear montados en caballos, terminaron venciendo a los indios, que huyeron despavoridos en todas direcciones. Los vencedores persiguieron y mataron a muchos guerreros sinuanos, capturaron a otros, menos al cacique Tucurá. Uno de estos rehenes llamado Macoca, hombre cobarde y traidor, prometió revelar el sitio donde se ocultaba su cacique a cambio de su libertad. Así lo hizo el desleal vasallo, conduciéndolos hasta el pie del cerro Higuerón y señalándoles la cima, luego pidió su libertad, a lo que un teniente español respondió disparándole un tiro en la frente. Tucurá vio a sus enemigos ascender al cerro y acercarse; entonces con la fuerza de cien hombres alzó una roca gigantesca que lanzó hacia abajo, aplastando gran cantidad de adversarios; una y otra vez repitió la maniobra pero, al final, cuando se vio acorralado, corrió hacia el abismo y se lanzó al vacío, yendo al encuentro de la muerte entre las enormes piedras. Este fue el triste pero heroico final del cacique Tucurá.

COLOSINÁ, EL CACIQUE GLOTÓN

Colosiná fue el cacique más glotón de todos los que gobernaron en el Sinú. Gozaba de la simpatía de los niños, quienes se sentían atraídos por su enorme figura y su rostro de niño grande y bonachón, además porque nunca dejaba de comer y reír. Los chiquillos fueron los que primero le llamaron Colosiná, que en el dialecto guajiba que hablaban los Zenúes significa riqueza. Para los pequeños él era inmensamente rico pero no en oro sino en gordura, era tan corpulento y gordo como diez hipopótamos juntos, tan gordiflón que su gran panza iba desde la barbilla hasta las rodillas.

Apenas se le veía la carita redonda y rechoncha, los ojos saltones, la nariz y las orejas diminutas y la piel gruesa y verrugosa; parecía el papá de los sapos, inflado y a punto de reventar. Los súbditos elaboraron figuras de sapo en barro y en oro y se las obsequiaron a su jefe, quien las regó por toda la vivienda y dio orden de adorar al sapo como a él, pues el sapo tenía la virtud de avisar con sus croaquidos la proximidad de la lluvia, anticipar las inundaciones y la invasión de las plagas destructoras de los cultivos. Por eso el sapo era uno de los dioses de los Zenúes.

Colosiná vivía en una aldea cerca del arroyo de Cocolina, en un amplio bohío circundado de colinas, rodeado de caracolíes frondosos; allí disfrutaba de una paz total, sin pensar en otra cosa más que en deglutir sus apetitosos manjares. En aquel apacible lugar se reunían una vez por semana los subalternos del cacique a deliberar y recibir las órdenes que debían cumplirse en su tribu, pero eran rechazados y castigados a menos que trajeran como ofrenda gran cantidad de comida para saciar la voracidad del jefe. Unos traían cocodrilos, hicoteas, boas, simios y abundante maíz, yuca, ñame y pescado, que el soberano recibía sonriente y feliz y devoraba enseguida, pues estos alimentos iban de una vez al fuego que se mantenía permanentemente encendido.

Quien le cocinaba y se preocupaba por mantener constante alimento a la orden de su apetito insaciable, era una vieja india obesa y madre adoptiva del cacique, llamada Napí. Esta mujer, aunque anciana, no tenía reposo en sus faenas de cocina y siempre se le veía con su piel lustrosa debido al contacto con la grasa animal; ella se complacía en tener satisfecho el estómago de su hijo. Colosiná comía a toda hora; su desayuno constaba de tres boas, medio jaguar, dos cocodrilos asados con yuca y ñame y terminaba tomándose una olla de chicha de maíz; al almuerzo engullía tres puercoespines asados, un oso hormiguero, un caimán y ocho conejos con cinco jarras repletas de chicha; en la tarde empezaba con una docena de iguanas, luego se tragaba un venado, diez micos tití y cuatro cacoes con numerosa cantidad de yuca y arroz y se acostaba embriagado después de beberse toda la chicha que quedaba. Antes de quedarse profundamente dormido eructaba, echaba ventosidades y roncaba tan fuerte que los pobres indígenas asustados no podían dormir pensando que el lejano cerro de Murrucucú estaba enfurecido.

Colosiná sufría de pesadillas terribles a causa de acostarse con el abdomen repleto y la mente revuelta por la chicha; una de tantas pesadillas consistió en que la tribu y él se estaban muriendo de hambre por una implacable sequía que había destruido los cultivos y matado los animales. La resequedad había hecho estragos en la tierra y en el estómago de los indígenas. No tenían que comer ni que beber, se morían de sed y de hambre; entonces el soberano dio la orden de sacrificar y comer a los más fuertes y gordos de la tribu y que nada ni nadie podía negarse ante la implacable ley del cacique. Las palabras del jefe fueron

cumplidas al pie de la letra por sus vasallos, quienes en pocos minutos destrozaron y devoraron a su abundante y apetitoso cacique, el cual despertó sobresaltado y sudoroso, se levantó, miró la hamaca y se dio cuenta que había tenido un horrible sueño. Entonces para compensar el susto engulló medio venado y dos pavas enteras y se volvió a acostar sin poderse dormir.

Un día Colosiná fue invitado a una gran fiesta en la vecina tribu de Tacasuán, donde se celebraba el matrimonio de Chinú, el jefe guerrero con la dócil Nuchí.

El cacique comilón no llevó presentes en especies; maíz, pescados y otros alimentos, sino algunas mercancías como esteras sombreros y chinchorros. Pues si había algo que le doliera era tener que dar su comida, más le agradaba que se la regalaran a él, tanto que una vez lloró toda la noche porque la vieja Napí tiró a los perros la hoja de bijao donde él había dejado las sobras de bocachico con yuca.

El cacique Tacasuán recibió con gusto los obsequios y para demostrar su agradecimiento le brindó a Colosiná una enorme vasija de chicha con siete hicoteas y nueve patos ahumados que él devoró de un solo bocado. Momentos antes de la ceremonia, la novia fue presentada a Colosiná, quien al verla sintió por primera vez que algo extraño y distinto a su querida panza se estremecía dentro de su descomunal cuerpo, produciendo como un tambor el rítmico tum-tum-tum del amor.

Era su corazón que descubría para él una sensación nueva y diferente a la del hambre, era el delicioso sentimiento del amor. Ayudado por uno de sus vasallos, Colosiná raptó a la dulce Nuchí y la llevó a su tribu; allí su madre adoptiva y todos sus súbditos no entendieron por qué su jefe robó a tan fea y flaca mujer, él que nunca aceptó animal flaco como ofrenda, ahora se arriesgaba a una guerra sólo por una mujer tan falta de carne y huesuda como una mariapalito. Y lo más raro es que también Nuchí se sintió atraída por la gordura y el aire de grandeza de Colosiná y aceptó gustosa y sumisa escapar en su compañía.

Pronto se descubrió el rapto y al culpable. El cacique Chinú, ofendido y enfurecido, organizó un numeroso ejército con el fin de tomar venganza. Colosiná fue advertido de las intenciones del enemigo y llamó a sus súbditos más flacos y hambrientos y les dijo que quien trajese la cabeza del gran guerrero Chinú tendría derecho a comer con él y como él toda la comida que hubiese almacenada en su bohío. Ante tal recompensa muchos fueron entusiasmados y decididos a enfrentar la muerte. Los Colosiná fueron más rápidos y hábiles y rodearon al enemigo en el llano de Macuá; allí se trabó una recia batalla en la que triunfaron gloriosamente los valientes guerreros de Colosiná. Cuando los victoriosos soldados llegaron ante la presencia de su cacique, al anochecer, uno de ellos mostró a su jefe una cabeza arrancada de su cuerpo, era la de Chinú, que al claror de la luna exhibía una mueca horripilante que impresionó a Colosiná.

El cacique glotón perdió el apetito, el sueño y la tranquilidad, desde ese momento no pudo ni quiso volver a comer y a dormir nunca más. Algunos años después el gordiflón Colosiná llegó a ser más flaco que su mujer, tanto que más que un enorme sapo, parecía un raquítico saltamontes.

RUBÉN DARÍO
OTÁLVARO SEPÚLVEDA

Montería,
Valle del Sinú, 1961

Rubén Darío es un lector voraz, obsesivo comprador de libros y profundo admirador de la sabiduría de los niños. Hereda de Ana, su madre, la creatividad y el amor a la lectura. Inventa poemas, fábulas y cuentos desde que descubrió las palabras; desde entonces juega a ser Dios. Escribe, porque para él es una necesidad vital, como respirar o amar. Afirma que la felicidad total sólo se siente cuando está en una biblioteca o en una librería y como Borges, le gustaría morir rodeado de libros.

Detesta la seriedad, la estupidez y la infelicidad de los adultos. Sólo desea correr bajo la lluvia, disfrutar un helado de alegría a orillas del río, volar en la hamaca y alcanzar los más hermosos sueños, jugar hasta el cansancio y contagiarse de libertad y asombro, tener todo el tiempo para leer todos los libros del mundo, imaginar la luna poblada de conejos blancos, tumbar las paredes de las escuelas para que entre el viento y pueda contarnos historias de lejanos horizontes, colorear con sus hijas los cuentos clásicos con las diez crayolas mágicas de las manos, escuchar a Joan Manuel Serrat cantar poesías, viajar al país de la fantasía de la mano de Michael Ende, montar a caballo en las praderas del cielo con un niño poeta que responde al nombre de Jairo Aníbal Niño, y soñar con un niño que aún habita en el corazón de su mujer.

Rubén Darío es profesor de Español y Literatura en el Colegio Luis López de Meza, de Montería; catedrático en la Universidad de Córdoba y coordinador de extensión cultural de Comfacor.

"En el País de los Zenúes" obtuvo mención especial en el Concurso Nacional de Libros de Cuentos Infantiles de Comfamiliar del Atlántico, 1991. Publicó "Un conejito blanco sobre la luna" Ediciones Domus Libris, 1994.

CONTENIDO